Learning to Get Along®

I0881685

Cool Down and Work Through Anger

Cálmate y supera la ira

Cheri J. Meiners, M.Ed.

Ilustrado por Meredith Johnson
Traducido por Ingrid Paredes

free spirit PUBLISHING®

Library of Congress Cataloging-in-Publication Data
Meiners, Cheri J., 1957–
Cool down and work through anger = Cálmate y supera la ira / Cheri J. Meiners, M.Ed. ; illustrado por Meredith Johnson.
pages cm. — (Learning to get along series)
"Translation by Ingrid Paredes."
In English and Spanish.
ISBN 978-1-57542-473-6 (paperback) — ISBN 1-57542-473-8 (paperback) 1. Anger—Juvenile literature. 2. Anger in children—Juvenile literature. I. Johnson, Meredith, illustrator. II. Meiners, Cheri J., 1957– Cool down and work through anger. III. Meiners, Cheri J., 1957– Cool down and work through anger. Spanish. IV. Title. V. Title: Cálmate y supera la ira.
BF723.A4M44 2014
152.4'7—dc23

2014012986

ISBN: 978-1-57542-473-6

Edited by Marjorie Lisovskis
Translation edited by Edgar Rojas, EDITARO

Printed by: 590835
Printed in: China

Free Spirit Publishing
An imprint of Teacher Created Materials
9850 51st Avenue North, Suite 100
Minneapolis, MN 55442
(612) 338-2068
help4kids@freespirit.com
freespirit.com

FSC
www.fsc.org
MIX
Paper from responsible sources
FSC® C155903

Dedication

To my grandson Jacob:

May you learn to express yourself in calm, respectful ways.

Dedicatoria

Para mi nieto Jacob:

Que aprendas a expresarte de manera calmada y respetuosa.

I like to feel in charge of some things.

Me gusta sentirme a cargo de algunas cosas.

I might feel sad or frustrated when things don't go my way,

Quizás me sienta triste o frustrado cuando las cosas no salen a mi manera,

or when I can't have or do
something I want.

o cuando no puedo tener o
hacer algo que quiero.

Or I might feel hurt if someone doesn't show respect.

O quizás me sienta mal si alguien no demuestra ser respetuoso.

I may feel angry, too.

I might have a hot face, tense muscles, a fast heartbeat, or loud breathing.

Quizás me sienta enojado también.

Quizás se me caliente la cara, los músculos se me pongan tensos, tenga palpitaciones rápidas o mi respiración sea ruidosa.

Sometimes I feel like exploding—with my hands, feet, or mouth!

A veces siento explotar—¡con mis manos, pies o boca!

But hitting, kicking, and using mean words can hurt people and their feelings.

That's not okay.

Pero golpear, patear y usar palabras crueles pueden lastimar a alguien y también sus sentimientos.

Y eso no está bien.

Losing my temper won't help me or anyone else.

It can cause more anger and hurt.

Tener mal temperamento no me ayudará a mí ni a los demás.

Puede causar más ira y dolor.

Keeping my anger shut inside me won't make things better, either.

All of my feelings are okay. I can admit when I feel angry.

Mantener toda la ira dentro de mí tampoco hará que las cosas mejoren.

Todo lo que siento está bien. Puedo admitir cuando siento ira.

I can learn from my anger, and find a way to work through it.

Puedo aprender de mi ira y buscar la manera de superarla.

First, I can take some deep breaths or count to ten to calm down.

I can stop and think before I say or do something I may feel sorry about later.

Primero, puedo respirar profundamente o contar hasta diez para calmarme.

Puedo parar y pensar antes de decir o hacer algo de lo que pueda arrepentirme después.

I can
cool down.

Yo puedo
calmarme.

I have lots of ways to cool down.
I might go somewhere quiet to relax and think.
I can draw or make things, read a book, or sing a song.

Tengo varias maneras para calmarme.
Puedo ir a un lugar silencioso para relajarme y pensar.
Puedo dibujar o hacer alguna manualidad, leer un libro o entonar una canción.

I might also run or play outdoors or spend time with other people.

También puedo correr, jugar afuera o pasar tiempo con otras personas.

When I feel calm I can think more clearly.

I may think about my part in the problem and what I can change.

Cuando me siento calmado puedo pensar más claramente.

Puedo pensar en cómo me comporté y en qué puedo cambiar.

What can I do?
¿Qué puedo hacer?

Talking things over with somebody I trust may help me understand and work through my anger.

Platicar sobre lo sucedido con alguien en quien confío puede ayudarme a entender y superar mi ira.

I can also talk calmly with the person who was there. I can show respect as I tell how I feel and what I want.

También puedo platicar tranquilamente con la persona que estuvo allí. Puedo ser respetuoso cuando digo cómo me siento y qué es lo que quiero.

I can also listen and try to understand the other person's point of view.

También puedo escuchar y tratar de comprender el punto de vista de los demás.

When I've been angry and I've said or done something unkind, I can say, "I'm sorry."

It won't help to blame anyone else.

Cuando he estado enojando y he dicho o hecho algo desagradable, puedo decir "perdón".

No sirve de nada echarle la culpa a otro.

I'm sorry.
Perdón.
Me too.
Yo también.

I can be patient and forgive people.

Puedo ser paciente y perdonar a la gente.

I can remember that everyone makes mistakes sometimes.

Puedo recordar que a veces todos cometemos errores.

When I can't change something, I can choose to accept it and make the most of it.

Cuando no puedo cambiar algo, puedo decidir aceptarlo y aprovechar cada momento a lo máximo.

I can look for the best in everyone.

Changing the way I think about someone can change the way I feel.

Puedo ver lo mejor en todos.

Al cambiar la manera como pienso sobre alguien, puedo cambiar la forma como me siento.

I can find a way to get along.

When I cool down and work through my anger, I can feel peaceful again.

Puedo buscar la manera de llevarme bien con los demás.

Cuando me calmo y supero la ira, me siento tranquilo otra vez.

Ways to Reinforce the Ideas in *Cool Down and Work Through Anger*

As you read each page spread, ask children:

- What's happening in this picture?

Here are additional questions you might discuss:

Pages 1–11 (understanding anger)

- What does it mean to be in charge of something? What are some things you like to feel in charge of?
- How does it feel when things don't go your way?
- What is respect? *(You might explain respect by saying, "People show respect when they treat others politely and kindly. It is respectful to treat other people the way you would like to be treated.")*
- When is a time you felt angry? What did it feel like?
- What are some things you might feel like doing when you are angry? How can losing your temper hurt someone or hurt the person's feelings? How can it cause more anger?
- Why doesn't it help to keep your anger shut inside you? *(It can lead to health problems like stomachaches or headaches; it can build and lead to more anger or depression; it's harder to get along with people if you don't talk to them and let them know how you feel.)*

Pages 12–19 (processing anger)

- Let's take a big, slow breath, like blowing a balloon up in your tummy. (*Demonstrate inhaling and exhaling slowly. Have children imitate you as you breathe with them.)* How do you feel after taking a big breath?
- What does it mean to calm down or cool down? What are some ways to calm down? *(Discuss "Cool-Down Strategies" on page 33 and other ideas children suggest. Model and briefly practice the techniques with children.)*
- How can it help to think over what happened and what you can do? How can that help you feel less angry?
- Who are some grown-ups you can talk to when you need help?

Pages 20–31 (resolving anger)

- What are ways to show respect as you tell someone how you feel? *(Look at the person. Talk calmly. Talk in a polite tone of voice, and not too loud or too soft. Take time also to listen.)*
- How do you feel when you try to understand another person's view (how someone else is feeling)?
- When is a time you said, "I'm sorry"? How did you feel afterward?
- What does it mean to forgive someone? *(It means that you really feel okay about things now; you don't feel like blaming the person anymore.)*
- In what way can forgiving someone help you? How does it help you get along with the person? How might remembering your own mistakes help you forgive someone else?
- What are some things that you can't change? What does it mean to accept things that you can't change?
- How can changing the way you think about someone help you feel less angry?

Games and Activities for Resolving Anger

Read this book often with your child or group of children. Once children are familiar with the book, refer to it when teachable moments arise involving frustrating situations that may cause anger. Make it a point to notice and comment when children communicate and handle their emotions appropriately. In addition, use the activities on pages 33–35 to reinforce children's understanding of how to recognize, process, and resolve their anger.

Before beginning the games on pages 33–35, make three index-card sets: "Cool-Down Strategies," "Strategies for Working Through Anger," and "Sample Scenarios." Write the ideas below (or similar ideas) on individual cards. Illustrate the cards with drawn, cut-out, or computer-generated pictures. On the back of each card, code the card with a color or number to correspond with the type of card it is (such as blue or the number 1 on "Cool-Down Strategies" cards). Put each card set in a separate bag.

Cool-Down Strategies (18)

- Count to 10, or take big breaths.
- Draw a picture with markers.
- Read this book, or a book you enjoy.
- Take a walk or play a game outside.
- Smile or laugh about it.
- Blow bubbles, or play with water.
- Turn on soft music and move around with a scarf.
- Dim the lights and lie down to rest.
- Sing a favorite song to yourself.
- Do yoga stretches.
- Pretend to be a big balloon. Fill up with air. Then relax and let out the air.
- Give (and get) a hug.
- Walk away until you feel calm.
- Think about a happy time.
- Make something with blocks or paint.
- Swing on a swing.
- Squeeze a Koosh ball or play dough.
- Find a quiet place to think things over.

Strategies for Working Through Anger (10)

- Talk and listen to the person you feel angry with.
- Look at the problem in a different, more helpful way.
- Decide to forget about it and let it go.
- Talk to a friend or an adult you trust.
- Draw a picture or write in a journal.
- Forgive the person.
- Accept that you can't change some things.
- Apologize for getting angry or for your part in the problem.
- Talk to a doll or pet.
- Find a way to make things better.

Sample Scenarios (10)

- Vincent's brother changed the TV channel he was watching.
- Ketty's tower of blocks fell when she put on the top block.
- A girl took a pencil from Omar's desk.
- Erin's younger brother played in her room and broke her favorite toy.
- Some older kids on the playground called Michael names.
- A boy got in front of Zoey in the line for the drinking fountain.
- Dolapo lost at the board game he played with his friends.
- Girls playing jump rope told Raisa that she couldn't play with them.
- A sister borrowed Ben's soccer ball without asking.
- While playing kickball a child kicked Mariah's leg.

Cool-Down Time

Using the "Cool-Down Strategies" cards, have a regularly scheduled "Cool-Down Time" in your day or week. Let a child draw a card to select the activity.

Calming Collages

Materials: Sheets of cardstock or construction paper; markers, crayons, or pencils; magazines; scissors; glue sticks

Directions: Review the "Cool-Down Strategies" on page 33 with children. Then ask them to draw or cut and paste pictures that depict calming strategies. Captions and calming words can also be added. Display the collages. When a child needs help with emotions, refer to the child's collage and ask, "What can you do to calm down?"

Anger Journal

Help children write or draw in a journal as a strategy for understanding and dealing with anger. Here are some prompts you might try, one by one: "Write or draw about something that recently made you feel angry. What did you do?" "Write or draw about what else you can do to solve the problem." "Write or draw what you were thinking about when you felt angry. Then write or draw a different, more helpful way to view the problem."

Stop, Slow Down, and Go

Materials: Index cards and marker; bag to hold the cards; one sheet each of red, green, and yellow construction paper; whiteboard and magnets; 8½" x 11" cardstock (one sheet for each child), folded in half lengthwise; plastic cups with a 2" rim; crayons; craft sticks or straws; tape

Preparation: Make 6–8 "Inappropriate Actions" cards (actions that hurt and don't help) with words or pictures showing ideas such as *kick, yell, bite, punch, lie on the floor and scream, make mean faces, say "I hate you."* Put the cards in a single bag, mixed together with the "Cool-Down Strategies" and "Strategies for Working Through Anger" cards from page 33. Cut a 6"–7" circle from each sheet of construction paper. Use magnets or tape to hang the red, yellow, and green circles vertically on the board so they are arranged as on a traffic light.

Directions

1. Talk about traffic lights and relate them to acting on anger. Point to each circle and say, "We can STOP *(red)* before hurting someone with our body or words. We can SLOW DOWN *(yellow)* and become calm while we decide what to do. We can GO *(green)* by doing helpful things such as talk and listen, forgive someone, and show respect."

2. On the outside of their folded cardstock, have each child make a traffic light by tracing the rim of the cup and then coloring the three circles. Help children tape the stick to the inside bottom and tape the three side edges shut.

3. By turn, have children draw a card and use tape or a magnet to place it next to the appropriate "light" on the whiteboard: red for inappropriate actions, yellow for cool-down strategies, and green for strategies for working through anger. Other children can point to the appropriate color on their own light. When a "red light" card is drawn, have children suggest a strategy they could use when the light turns yellow or green. Children can keep their stoplights as a reminder to stop, calm down, and choose helpful ways to work through anger.

"Be Cool" Card Game

Materials: Index cards and marker

Preparation: On index cards, make "Be Cool" cards with words or pictures showing ideas such as *dance, sing,* *draw a picture, take a walk, breathe, count to 10, blow bubbles, read a book, talk to an adult, play a game.* Make 4 cards each of 10 activities and one "Hothead" card representing inappropriate display of anger—41 cards in all.

Directions: Discuss the strategies from the cards in terms of how they can help children "be cool" and avoid being a "hothead" while playing a game. Then play the game (it is similar to Old Maid): After all the cards have been dealt equally, children put down matched pairs of cards. Each child in turn lets the person on the left take a card unseen from that child's hand and lay down any matches until all matches are made and one child is holding the "Hothead" card. After the game, children tell why the strategy on their matches is effective or useful.

"Resolving Anger" Cartoons

Materials: White drawing or writing paper, 8½" x 11"; crayons or colored pencils; whiteboard with marker

Preparation: Prepare ahead, or have children prepare, by folding pieces of white paper twice to make four quadrants (frames) when opened. In each frame, draw two stick figures with word balloons.

Directions: Choose a "Sample Scenario" card along with either a "Cool-Down" or a "Working Through Anger" card. On the whiteboard, demonstrate the drawing and writing of a 4-frame cartoon with stick figures that depicts the problem and resolution shown on the cards. Then proceed with Level 1, 2, or 3. (*Note:* The drawings and the words that will be incorporated in the activity are intended as behavioral scripts rather than humorous cartoons.)

Level 1: Let a child draw two cards as in the directions above. Help two children act out a scene based on the cards. Then ask children what you can write in each frame while you complete the cartoon on the whiteboard.

Level 2: Place children in groups of 3–6. Give each group a "Sample Scenario" card along with either a "Cool-Down" or a "Working Through Anger" card. Talk with children about what they can write in the talk balloons. Assist in the writing if needed as children write their own script.

Level 3: Allow children to choose cards and create and "star in" their own cartoon. Let children dictate the script for you to write, if needed. Then have children share their cartoons and discuss their strategies with the group.

Cartoons may then be colored. Compile them in an "If I Feel Angry" book for future discussion or role play.

"Work Through Anger" Role Plays

Level 1: A child draws and is read a scenario card. Ask, "What can this person do to become calm?" Show the child 3–4 "Cool-Down" cards and let the child respond. Then ask, "What can this person do to help solve the problem?" Show a few "Working Through Anger" cards as needed. Fade out the prompt cards when appropriate.

Level 2: A child draws and is read a scenario card. A second child draws a "Cool-Down" and/or a "Working Through Anger" card. Ask, "What can this person do to cool down (or work through anger)?" The children answer the question and then enact the scene using puppets or action figures.

Level 3: Follow the process for Level 2, but this time the two children perform a role play rather than a puppet play. When a strategy prompt is no longer needed, a child draws only a scenario card. Either child tells an appropriate strategy, which they then role-play. Then let children switch roles or choose another scenario.

Maneras de reforzar las ideas en *Cálmate y supera la ira*

Conforme vayas leyendo cada doble página, pregunte:

- ¿Qué está pasando en esta ilustración?

Aquí hay preguntas adicionales que puedes discutir:

Páginas 1 a 11 (entendiendo la ira)

- ¿Qué significa estar a cargo de algo? ¿Cuáles son algunas cosas de que te sientes a cargo?
- ¿Cómo te sientes cuando las cosas no van a tu manera?
- ¿Qué es el respeto? *(Puedes explicar el respeto diciendo: "La gente demuestra respeto cuando tratan a los demás con amabilidad. Es respetuoso tratar a los demás de la misma manera que te gustaría que te trataran).*
- ¿En qué momento te enojaste? ¿Cómo te sentiste?
- ¿Cuáles son algunas de las cosas que quisieras hacer cuando estás enojado? ¿Cómo el perder control de tu temperamento puede ser lastimoso o herir los sentimientos de otra persona? ¿Cómo puede causar más daño?
- ¿Por qué no es bueno guardar toda la ira dentro de ti cuando estás enojado? *(Puede causar problemas de salud como dolor de estómago o dolor de cabeza; puede causar que aumente la ira o depresión; es difícil llevarse bien con la gente si no les hablas y les dices cómo te sientes).*

Páginas 12 a 19 (procesando la ira)

- Respiremos lento y profundamente, como si estuviéramos inflando un globo en tu estómago. *(Demuestra cómo se inhala y se exhala lentamente. Pide que los niños te imiten a medida que respiras con ellos).* ¿Cómo te sientes después de respirar profundamente?
- ¿Qué significa calmarte? ¿Cuáles son algunas maneras como te puedes calmar? *(Habla sobre las "Estrategias para calmarte" en la página 37 y sobre otras ideas que los niños puedan sugerir. Muestra y practica las técnicas brevemente con los niños).*
- ¿Cómo puede ayudar el reflexionar sobre lo que sucedió y qué puedes hacer? ¿Cómo te puede ayudar a sentirte menos enojado?
- ¿Quiénes son algunos de los adultos con quien puedes acudir cuando necesites ayuda?

Páginas 20 a 31 (resolviendo la ira)

- ¿Cuáles son las formas de demostrar respeto cuando estás diciéndole a alguien como te sientes? *(Mira a la persona. Habla tranquilamente. Habla con un tono amable, no muy recio o muy bajo. También toma el tiempo para escuchar).*
- ¿Cómo te sientes cuando tratas de entender el punto de vista de los demás (o la manera como se sienten)?

- ¿Cuándo has dicho "Perdón"? ¿Cómo te sentiste después?
- ¿Qué significa perdonar a alguien? *(Significa que verdaderamente has superado lo que sucedió; ya no le echas la culpa a otro).*
- ¿Cómo te puede ayudar el perdonar a alguien? ¿Cómo te ayuda el llevarte bien con la persona? ¿Cómo el recordar tus propios errores puede ayudarte a perdonar a alguien?
- ¿Cuáles son algunas de las cosas que no puedes cambiar? ¿Qué significa aceptar las cosas que no puedes cambiar?
- ¿Cómo el cambiar la forma como piensas de alguien puede ayudar a sentirte menos enojado?

Juegos y actividades para resolver la ira

Lee este libro a menudo con tu niño o grupo de niños. Cuando los niños estén familiarizados con el contenido, utilízalo cuando surjan momentos de enseñanza a raíz de situaciones frustrantes que puedan causar ira. Resalta o comenta cuando los niños comuniquen y controlen sus emociones apropiadamente. También utiliza las actividades en las páginas 38–40 para reforzar el entendimiento del niño de cómo reconocer, procesar y resolver su ira.

Antes de empezar los juegos en las páginas 38–40, prepara tres grupos de fichas: "Estrategias para calmarte", "Estrategias para superar la ira" y "Ejemplos de situaciones". Escribe las ideas debajo (o ideas parecidas) en fichas individuales. Ilustra las fichas con dibujos, recortes o imágenes de la computadora. Marca cada ficha por detrás con un número o color que corresponda al tipo de ficha que sea (por ejemplo, el "azul", o el "número 1" en las fichas: "Estrategias para calmarte"). Coloca cada ficha en una bolsa separada.

Estrategias para calmarte (18)

- Cuenta hasta 10, o respira profundamente.
- Has un dibujo con marcadores.
- Lee este libro o uno que te guste.
- Camina o juega afuera.
- Sonríe o ríete de lo que sucedió.
- Has burbujas, o juega con agua.
- Escucha música suave y baila con una bufanda.
- Baja las luces y acuéstate para descansar.
- Canta tu canción favorita.
- Has poses de yoga.
- Imagínate que estás en un globo. Llénalo de aire. Después relájate y exhala.
- Da (y recibe) un abrazo.
- Camina hasta que estés tranquilo.
- Piensa en un momento feliz.
- Construye alguna manualidad con bloques o pintura.
- Súbete en un columpio.
- Presiona una pelota *Koosh* o plasticina.
- Busca un lugar callado para pensar las cosas.

Estrategias para superar la ira (10)

- Habla y escucha a la persona con quien estés enojado.
- Analiza el problema de forma diferente para que te ayude.
- Decide olvidarlo y superarlo.
- Habla con un amigo o un adulto en quien confíes.
- Has un dibujo o escribe en tu diario.
- Perdona a la persona.
- Acepta que no puedes cambiar algunas cosas.
- Pide disculpas por enojarte y por tu parte en el problema.
- Háblale a un muñeco o mascota.
- Encuentra una manera de mejorar la situación.

Ejemplos de situaciones (10)

- El hermano de Vicente le cambió el canal de televisión que estaba viendo.
- La torre de bloques que hacia Ketty se derrumbó cuando puso el último bloque.
- Una niña tomó un lápiz del escritorio de Omar.
- El hermano menor de Erin jugó en su cuarto y le rompió su juego preferido.
- Algunos niños más grandes en el parque se burlan de Michael.
- Un niño se colocó al frente de Zoey en la fila para tomar agua de la fuente.
- Dolapo perdió un juego de mesa que jugaba con sus amigos.
- Las niñas que jugaban a saltar la cuerda le dijeron a Raisa que no podía jugar con ellas.
- La hermana de Ben utilizó la pelota de futbol de él sin pedirla prestada.
- Una niña le pateó la pierna a Mariah mientras jugaban *kickball*.

Tiempo para calmarte

Usando las fichas “Estrategias para calmarte”, dedica un momento del día o de la semana como “Tiempo para calmarte”. Pide al niño que escoja una ficha para seleccionar la actividad.

Collages que te calman

Materiales: Hojas de cartulina; marcadores, crayones o lápices; revistas; tijeras; pegamento

Direcciones: Repasa las “Estrategias para calmarte” con los niños de la página 37. Después pídeles que dibujen o recorten y peguen imágenes que demuestren las estrategias para calmarse. También pueden agregar palabras tranquilizantes. Muestra los collages. Cuando un niño necesite ayuda con sus emociones, consulta el collage del niño y pregúntale, “¿Qué puedes hacer para calmarte?”

Diario para la ira

Ayuda a los niños a escribir o dibujar en un diario como estrategia para entender y lidiar con la ira. Puedes hacer este tipo de indicaciones: “Escribe o dibuja sobre algo que recientemente te causó ira. ¿Qué hiciste?” “Escribe o dibuja sobre algo más que puedas hacer para resolver el problema”. “Escribe o dibuja lo que estabas pensando cuando te sentiste enojado. Después escribe o dibuja una forma distinta y positiva que te ayude a resolver el problema”.

Parar, detener y seguir

Materiales: Fichas y un marcador; una bolsa para mezclar las fichas; una hoja roja, verde y amarilla de cartulina; pizarrón e imanes; un trozo de cartulina de 8½" x 11" para cada niño doblado a lo largo; vasos de plástico de 2" de diámetro; crayones; palitos para manualidades; cinta adhesiva.

Preparación: Escribe 6–8 fichas de “Acciones inapropiadas” (acciones que lastiman y no ayudan) con palabras o imágenes demostrando ideas como *patear, gritar, morder, golpear, tirarse al piso y gritar, hacer caras de mal gusto y decir “Te odio”*. Coloca las fichas en una bolsa mezclándolas con las fichas de “Estrategias para calmarte” y “Estrategias para superar la ira” de la página 37. Recorta un círculo de 6"–7" de cada hoja de cartulina. Utiliza imanes o la cinta adhesiva para colgar los círculos rojos, amarillos y verdes verticalmente en el pizarrón para que parezca semáforo.

Direcciones

1. Habla de los semáforos y relaciónalos con el comportamiento de la ira. Señala cada círculo y afirma: "Podemos PARAR (rojo) antes de lastimar a alguien con nuestros cuerpos o palabras. Podemos DETENERNOS *(amarillo)* y calmarnos mientras que decidimos qué hacer. Podemos SEGUIR *(verde)* haciendo cosas positivas como hablar y escuchar, perdonar a alguien y demostrar respeto".

2. Pídele a cada niño que utilice el borde del vaso para dibujar círculos para crear un semáforo en la parte frontal de la cartulina doblada y luego que coloreen cada círculo. Ayúdales a pegar el palito sobre la parte interior inferior y luego a sellar las tres orillas.

3. Ahora pídele a los niños que se turnen para seleccionar una ficha y utiliza la cinta adhesiva o el imán para ponerla al lado de la "luz" apropiada en el pizarrón: rojo para acciones inapropiadas, amarillo para estrategias para calmarse y verde para estrategias para superar la ira. Otros niños pueden señalar el color apropiado en sus propios semáforos. Cuando se escoja una "luz roja", pídeles que sugieran las estrategias que puedan usar para cambiar el color de amarillo a verde. Los niños pueden quedarse con sus semáforos como recordatorio para parar, calmarse y escoger maneras para superar la ira.

Juego de cartas "Ser Genial"

Materiales: Fichas y marcador

Preparación: Escribe en las fichas "Soy genial" utilizando palabras o imágenes para demostrar ideas como *bailar, cantar, dibujar, caminar, respirar, contar hasta 10, hacer burbujas, leer un libro, hablar con un adulto, practicar un juego.* Elabora 4 fichas con cada una de las 10 actividades y una ficha que diga "Impetuoso" para representar una acción de ira inapropiada. Elabora 41 fichas en total.

Direcciones: Habla sobre las estrategias de las fichas en relación de cómo pueden ayudar al niño a "ser genial" y evitar ser "impetuoso" cuando estén llevando a cabo este juego. Ahora pon en práctica el juego (es similar al juego de cartas *Parejas*): Después que todas las fichas hayan sido repartidas por igual, los niños colocan sobre la mesa las fichas iguales para formar la pareja. Cada niño permite que el jugador a su izquierda tome una de sus propias fichas y forme las parejas en la mesa hasta que todas las parejas hayan sido completadas y solo quede un niño con la ficha que dice "Impetuoso". Después del juego, los niños dirán por qué la estrategia en sus parejas es efectiva o útil.

Caricaturas para "Resolver la ira"

Materiales: Papel blanco para dibujar o escribir de 8½" x 11"; crayones o lápices a color, pizarrón con un marcador

Preparación: Prepárate, o pide a los niños que se preparen por adelantado, doblando las hojas blancas dos veces hasta formar cuatro cuadrantes. En cada cuadrante, dibuja dos figuras de palitos con burbujas en blanco para escribir.

Direcciones: Escoge una ficha de "Ejemplos de situaciones" junto con una ficha de "Estrategias para calmarte" o de "Estrategias para superar la ira". Utiliza el pizarrón para presentar los dibujos y escrituras con palitos de uno de los cuadrantes de cartulina que describe el problema y la solución presentada en las fichas. Luego continúa con el Nivel 1, 2 ó 3. (*Nota:* Las imágenes y las palabras que se incorporarán en la actividad tienen como objetivo ser los guiones de comportamiento y no caricaturas chistosas).

Nivel 1: Permite que un niño escoja dos fichas como se indica arriba. Ayuda a dos niños a representar la escena de la ficha. Luego pregúntales sobre lo que puedes escribir en cada cuadrante mientras terminas la caricatura en el pizarrón.

Nivel 2: Organízalos en grupos de 3 a 6 niños. Entrégale a cada grupo una ficha de "Ejemplos de situaciones" junto con una ficha de "Estrategias para superar la ira" o una de "Estrategias para calmarte". Háblales sobre lo que pueden escribir en cada espacio de la burbuja. Ayúdales a escribir si lo necesitan a medida que desarrollan sus guiones.

Nivel 3: Permíteles que escojan las fichas y "sean protagonistas" en sus caricaturas. Si es necesario, deja que dicten su propio guión para que tú lo escribas. Luego deja que intercambien sus caricaturas y hablen con el grupo sobre sus estrategias.

Ahora pueden colorear las caricaturas. Guárdalas en un libro titulado: "Sí me enojo" para hablar al respecto en el futuro o para llevar a cabo una actividad.

Actuando a "Superar la ira"

Nivel 1: Un niño selecciona y lee una ficha con una situación. Pregúntale: "¿Qué puede hacer esta persona para calmarse?" Enséñale 3–4 fichas de "Estrategias para calmarte" y deja que responda. Después pregúntale: "¿Qué puede hacer esta persona para resolver este problema?" Enséñale unas cuantas fichas de "Estrategias para superar la ira". Retira las fichas cuando sea apropiado.

Nivel 2: Un niño selecciona y lee la ficha de la situación. Un segundo niño selecciona una ficha de "Estrategias para calmarte" y/o de "Estrategias para superar la ira". Pregúntales: ¿Qué puede hacer esta persona para calmarse o para superar la ira?" Los niños contestan la pregunta y después actúan la escena usando títeres o personajes de acción.

Nivel 3: Sigue el proceso del Nivel 2, pero esta vez los dos niños actúan en vez de usar títeres. Cuando ya no necesiten estrategias, el niño solo selecciona una ficha de situación. Cada niño sugiere una estrategia apropiada y después la actúa. Después permite que los niños cambien de papeles o escojan otra situación.

Acknowledgments

I wish to thank Meredith Johnson for illuminating the text with her charming portrayal of children. I appreciate Judy Galbraith and the entire Free Spirit family for their dedicated support of the series. I am especially grateful to Margie Lisovskis for her diplomatic style as well as her talented editing, and to Steven Hauge for his guidance on the illustrations and design. I also recognize Mary Jane Weiss, Ph.D., for her expertise and gift in teaching social skills. Lastly, I thank my fantastic family—David, Kara, Luke, Jacob, Blake, Erika, Tyler, James, Tammy, Audrey, Daniel, Meg, Julia, and Andrea—who are each an inspiration to me.

Agradecimientos

Quiero agradecerle a Meredith Johnson por sus encantadoras ilustraciones de los niños. Mi aprecio a Judy Galbraith y a todos en la familia de Free Spirit por su dedicado apoyo a la serie. Estoy especialmente agradecida con Margie Lisovskis por su sutil estilo y su talento en la edición y a Steven Hauge por sus consejos sobre las ilustraciones y el diseño. También quiero reconocer a Mary Jane Weiss, Ph.D., por su pericia y don en la enseñanza de habilidades sociales. Por último, quiero agradecer a mi fantástica familia—David, Kara, Luke, Jacob, Blake, Erika, Tyler, James, Tammy, Audrey, Daniel, Meg, Julia y Andrea—cada uno me sirven de inspiración.

About the Author

Cheri J. Meiners, M.Ed., has her master's degree in elementary education and gifted education. The author of the award-winning Learning to Get Along social skills series for young children and a former first-grade teacher, she has taught education classes at Utah State University and has supervised student teachers. Cheri and her husband, David, have six children and enjoy the company of their lively grandchildren.

Acerca de la autora

Cheri J. Meiners, M.Ed., tiene una maestría en Educación Primaria y Educación Dotada. Es autora de la galardonada serie sobre comportamiento social para niños *Learning to Get Along*, fue maestra de primer grado, ha dictado clases de educación en la Universidad Estatal de Utah y ha supervisado a maestros practicantes. Cheri y su esposo, David, tienen seis hijos y disfrutan de la compañía de sus alegres nietos.